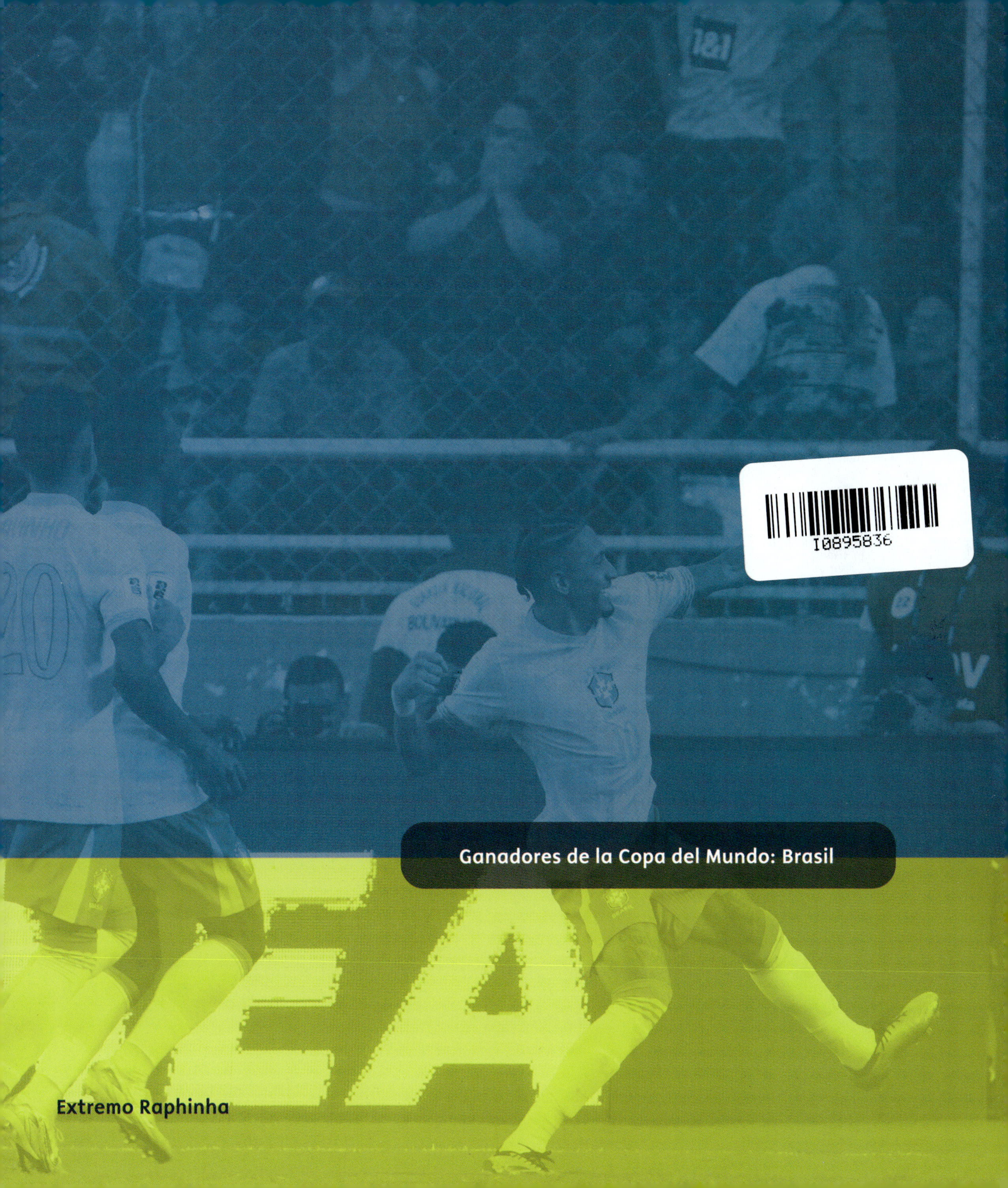

Ganadores de la Copa del Mundo: Brasil

Extremo Raphinha

Delantero Romário

GANADORES DE LA COPA DEL MUNDO

BRASIL

JAMES BARRY

CREATIVE EDUCATION / CREATIVE PAPERBACKS

Publicado por Creative Education y Creative Paperbacks
P.O. Box 227, Mankato, Minnesota 56002
Creative Education y Creative Paperbacks
son sellos editoriales de The Creative Company
www.thecreativecompany.us

Diseño de Blue Design (www.bluedes.com)

Imágenes de Getty Images/Alessandro Sabattini, 2, 3, 5, 10, 16, 19, Edilzon Gamez, 1, Eric Verhoeven/Soccrates Images, 20, Hector Vivas - FIFA, 6, Heidtmann/picture alliance, 15, Jam Media, portada, 7; Unsplash/Agustin Diaz Gargiulo, 9; Wikimedia Commons/Brazilian National Archives, 12, dominio públicio, 4, 24
Se ha hecho todo lo posible por contactar con los titulares de los derechos de autor del material reproducido en este libro. Cualquier omisión será rectificada en impresiones posteriores si se notifica al editor.

Library of Congress Cataloging-in-Publication Data
Names: Barry, James (Author of children's books), author.
Title: Brasil / James Barry.
Other titles: Brazil. Spanish
Description: Mankato, Minnesota : Creative Education and Creative Paperbacks, [2026] | Series: Creative Sports. Ganadores de la Copa del Mundo | Includes index. | Audience: Ages 7-10 years | Audience: Grades 2-3 | Text in North American Spanish. | Summary: "No nation has won more FIFA World Cups than Brazil-five in all! This elementary-level title, translated into North American Spanish, follows Pelé, Romário, Zico, Neymar, and more through nail-biting matches as the Canary Squad "sambas" its way to soccer fame"— Provided by publisher.
Identifiers: LCCN 2024053938 (print) | LCCN 2024053939 (ebook) | ISBN 9798889898986 (lib. bdg.) | ISBN 9781682779385 (paperback) | ISBN 9798889899778 (ebook)
Subjects: LCSH: Soccer—Brazil—History—Juvenile literature. | Soccer players—Brazil—Juvenile literature. | World Cup (Soccer)—History—Juvenile literature. | Fédération internationale de football association—Juvenile literature.
Classification: LCC GV944.B7 B3818 2026 (print) | LCC GV944.B7 (ebook) | DDC 796.3340981—dc23/eng/20241227

Impreso en la India

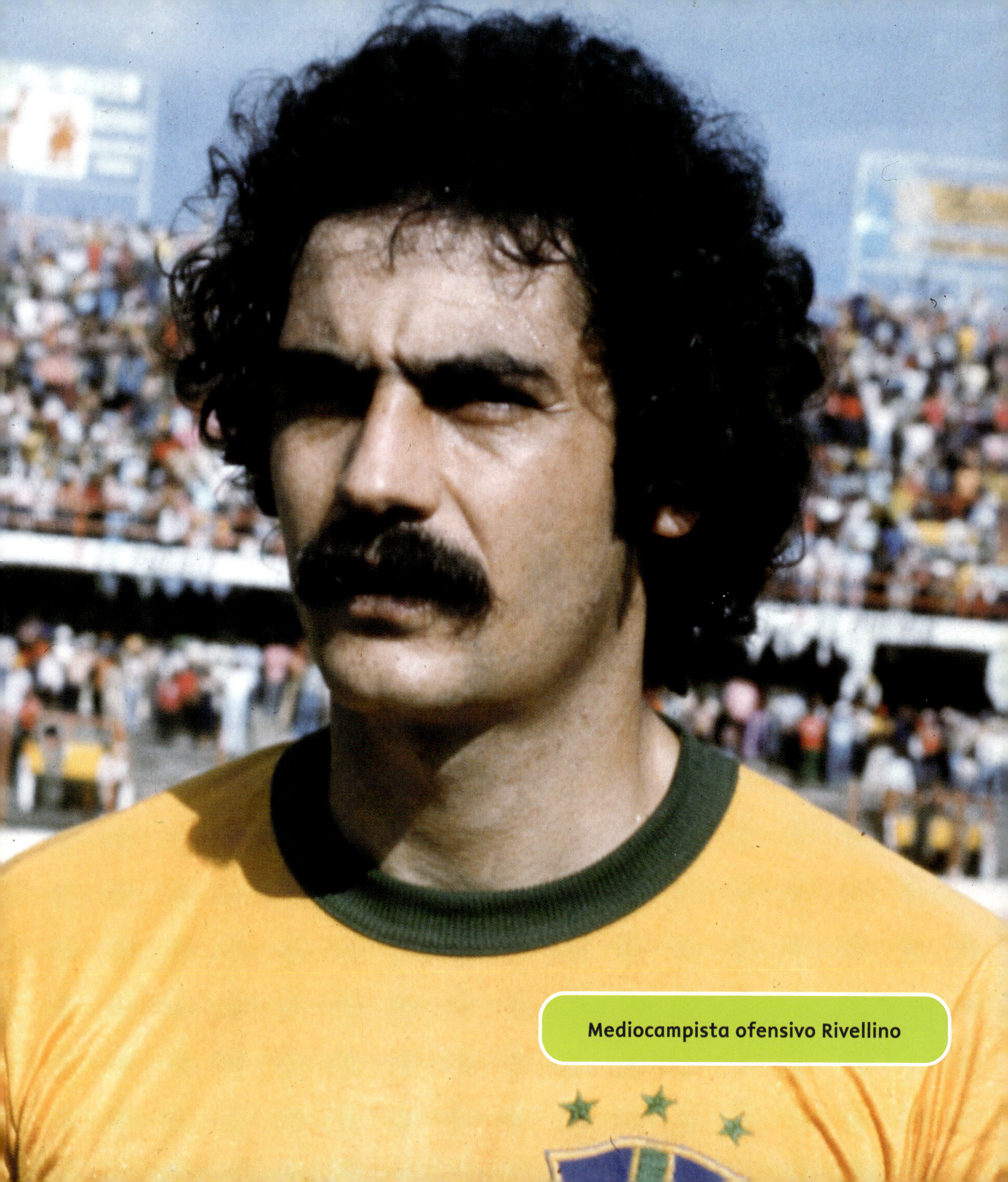

Mediocampista ofensivo Rivellino

Extremo izquierdo Neymar

CONTENIDO

El país del equipo

Brasil es el país más grande de América del Sur. Ocupa la mitad del continente. Contiene la mayor parte de la selva amazónica. Los científicos dicen que está formada por más de 390.000 millones de árboles.

Los brasileños dejan el trabajo para animar a su selección nacional de fútbol, y con razón. Ha ganado más Copas del Mundo que cualquier otro equipo. La Copa del Mundo es un torneo de fútbol a nivel mundial. Los países forman equipos con sus mejores jugadores. Cada cuatro años, compiten para convertirse en campeones del mundo.

BRASIL

Mediocampista ofensivo Ronaldinho

Tradiciones del equipo

La selección nacional de Brasil es apodada "la Canarinha" por su brillante camiseta amarilla. Es conocida por jugar al fútbol "samba". Este es un estilo creativo que lleva el nombre del baile nacional de Brasil: la samba. El mayor **rival** de Brasil es Argentina. Las dos naciones tienen una de las mayores rivalidades futbolísticas del mundo. Cuando juegan, se le llama el "Clásico sudamericano".

Brasil en la Copa del Mundo de 1950

Historia del equipo

Brasil jugó su primer partido en 1914. En 1930, Brasil participó en la primera Copa del Mundo. El equipo perdió en la primera etapa del torneo. No fue hasta la década de 1950 que Brasil se convirtió en una potencia mundial del fútbol. El país fue el anfitrión de la Copa del Mundo de 1950. El equipo llegó al partido final contra Uruguay. Sin embargo, perdió frente a unos 200.000 espectadores. Fue una tragedia nacional. Aún sigue siendo una de las mayores sorpresas en la historia del fútbol.

En 1958, Brasil ganó su primera Copa del Mundo. El equipo derrotó al país anfitrión, Suecia, 5-2 en la final. Dirigido por la joven estrella Pelé, la selección nacional de Brasil entró en su primera era dorada. Ganó la siguiente Copa del Mundo en 1962 y otra en 1970. Se convirtió en la primera nación en ganar tres Copas del Mundo. El equipo de Brasil de 1970 ganó los seis partidos que jugó. Es uno de los mejores equipos de todos los tiempos.

El defensor Carlos Alberto Torres gana la Copa del Mundo para Brasil en 1970.

Delantero Ronaldo

Después de ganar en 1970, Brasil perdió en las siguientes cinco Copas del Mundo. En la década de 1990, regresó a su camino ganador. En 1994, Brasil ganó otra Copa del Mundo. Derrotó a Italia en la final. En 2002, Brasil ganó su quinta Copa del Mundo. El equipo fue encabezado por los "Tres R": Ronaldo, Rivaldo y Ronaldinho, tres de sus mejores jugadores. Se consolidó la segunda era dorada.

Estrellas del equipo

Brasil ha tenido tantas estrellas de fútbol que sería imposible nombrarlas todas. Pelé fue miembro de los tres primeros equipos de Brasil que ganaron la Copa del Mundo. Era conocido como "El Rey". Muchos jugadores y fanáticos creen que fue el mejor jugador de todos los tiempos. El extremo derecho Garrincha ayudó a Brasil a ganar sus dos primeras Copas del Mundo. Brasil nunca perdió un partido cuando Pelé y Garrincha jugaron juntos. El **mediapunta** Sócrates era conocido por sus grandes pases. Zico anotó 48 goles en 71 **partidos internacionales** con Brasil.

Delantero Pelé

Extremo izquierdo Neymar

Romário ganó el **Balón de Oro** de la Copa del Mundo de 1994. Fue uno de los mejores goleadores de todos los tiempos. El **delantero** Ronaldo llevó a Brasil a tres finales consecutivas de la Copa del Mundo. Ronaldinho era conocido como "El Mago" por sus habilidades mágicas. En 2023, Neymar se convirtió en el máximo goleador histórico de Brasil. Los fanáticos esperan que pueda llevar a Brasil a su sexta Copa del Mundo pronto.

Acerca de la selección nacional de Brasil

Primer año: 1914

Colores del equipo: amarillo, verde, azul oscuro, azul claro, blanco

Estadio local: Estadio Maracaná

VICTORIAS EN LA COPA DEL MUNDO:

1958, 5-2 contra Suecia

1962, 3-1 contra Checoslovaquia

1970, 4-1 contra Italia

1994, 0-0, derrotó a Italia 3-2 en los penales

2002, 2-0 contra Alemania

SITIO WEB

https://www.cbf.com.br/

Glosario

Balón de Oro: un premio otorgado al mejor jugador de cada Copa del Mundo

delantero: un jugador que principalmente ataca y marca goles, en lugar de defender

mediapunta: un jugador que controla el flujo del juego del equipo y realiza pases que conducen a goles

partido internacional: un encuentro oficial jugado para una selección nacional de fútbol

rival: un equipo que juega muy duro contra otro equipo

Delantero Pelé en 1958

Índice alfabético